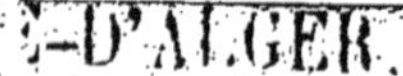

LES

ÉLECTEURS CACHIRS

INDIGÈNES

DE L'ALGÉRIE

ESQUISSE SATIRIQUE

PAR

UN ALGÉRIEN

Prix : 60 centimes

ALGER
CHENIAUX-FRANVILLE, LIBRAIRE, RUE BAB-EL-OUED
—
1883

LES

ÉLECTEURS CACHIRS

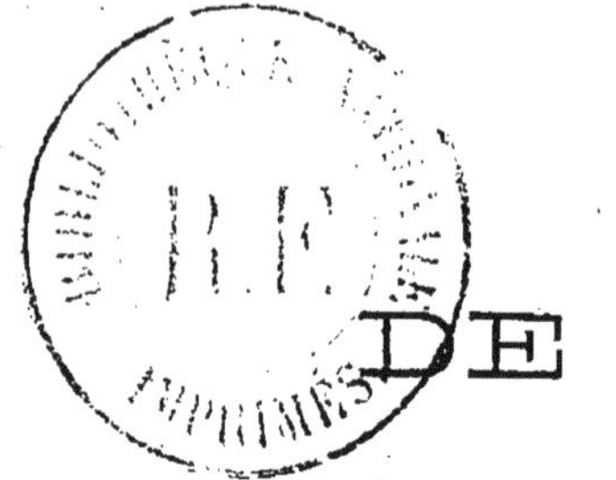

INDIGÈNES

DE L'ALGÉRIE

ESQUISSE SATIRIQUE

PAR

UN ALGÉRIEN

ALGER
CHENIAUX-FRANVILLE, LIBRAIRE, RUE BAB-EL-OUED

1883

LES ÉLECTEURS CACHIRS

Vouloir d'un Juif faire un Français est un problème aussi insoluble que de prétendre changer en farine un sac de charbon.

Nous allons essayer de démontrer sans esprit d'animosité, sans parti pris, que ce préambule, si paradoxal qu'il paraisse, n'est que le reflet d'une observation dont chacun pourra reconnaître la justesse et que les événements qui viennent de se passer à Tlemcem nous ont décidés à exprimer ici en quelques lignes.

Sans avoir la prétention de vouloir résoudre une question aussi grave, notre désir sera dépassé, si nous parvenons par ces modestes lignes à éclaircir les esprits qui ne trouvent pas justifié cet antagonisme, où pour mieux dire cette sorte d'antipathie instinctive que nous éprouvons pour les descendants d'Israël; cette antipathie, qu'on le sache bien, n'a pris naissance et ne se continue de nos jours que par la faute de ceux-ci, qui n'ont point su accorder aucune concession, dans le sens le plus absolu du mot, aux bienveillantes avances que le Gouvernement français n'a cessé de leur faire depuis cinquante ans et d'une façon plus caractérisée depuis le décret de naturalisation du 14 octobre 1871.

Si, à l'exemple des peuples anciens, les nations modernes, à la suite de diverses circonstances et par des procédés plus ou moins légaux, ont englobé d'autres petits peuples, c'est que ces petits peuples étaient généralement doués de qualités appréciables, surtout au point de vue de la production et de la valeur industrielle sous toutes ses formes; de là, le bénéfice d'un appoint considérable venant se greffer à la source de la richesse nationale.

Dans un autre ordre d'idées, l'assimilation n'était pas moins importante dans ses conséquences; toute nation étant le cas échéant, fatalement obligée à défendre son territoire ou ses intérêts à main armée, il serait oiseux d'expliquer la différence qui existe entre un auxiliaire familiarisé par goût ou par nécessité avec l'offensive et la défensive, et celui qui ne saurait ni ne pourrait s'y soumettre parce que ses idées et sa nature y sont hostiles.

Sans remonter bien loin dans le passé, n'avons-nous pas l'exemple des Anglais, se glorifiant de leurs Ecossais et de leurs Irlandais ; les Russes, de leurs Cosaques et de leurs Kalmouks ; des Autrichiens, de leurs Hongrois ; des Prussiens, de leurs Bavarois, etc., etc.; nul n'ignore que si l'empire Turc se tient encore debout, ce n'est que grâce à l'adjonction dans ses armées des peuplades turbulentes et belliqueuses dont il eut toujours grand profit.

La France se plaçant plus haut dans la voie du progrès humain et dans un but plus noble sans doute, a tendu une main fraternelle à un fragment de peuple, sans antécédents remarquables, sans valeur aucune, n'ayant ni noblesse de sentiments, ni énergie, ni dignité humaine, et par conséquence de cet état, se trouvant dans l'impossibide comprendre l'honneur qu'on lui a fait, d'apprécier le changement en résultant, et qui pourtant lui profite, ne se croyant pas obligé à la reconnaissance pour le don d'un titre qu'il ne souhaitait pas d'ailleurs, et qu'il regarde avec indifférence pour ne pas dire avec mépris.

Il prouve surabondamment cette remarque, puisqu'il reste tel qu'il était il y a douze ans, n'apporte aucun changement dans sa vie publique et privée, ne modifie en aucune façon son servage à ses lois mosaïques, en un mot il reste Juif et élève plus que jamais un mur qui l'isole des profanes, c'est-à-dire de ses bienfaiteurs.

Telle est la situation acquise aux Français de l'Algérie depuis l'adjonction irréfléchie des Israëlites algériens à la nation française.

Si dans l'ordre ordinaire des choses, il y a tout à gagner au contract d'un peuple robuste, énergique et brave, par contraste, que d'amertumes ne doit-il pas éprouver le patriote, fier du passé de ses ancêtres, jaloux de leurs célébrités et de leurs gloires, et qui se voit brusquement assimiler une troupe d'êtres qui ne sont en réalité que des parasites tenaces, n'ayant d'autre Dieu que le veau d'or, et d'autre culte que la paresse et la cupidité, mais de l'homme que l'apparence.

Le Juif de nos jours est loin de ressembler aux pâtres bibliques qui ont été les fondateurs de sa race, ceux là n'avaient de juifs que le nom, de mœurs toute pastorale, n'ayant d'autre horizon que leurs modestes champs, d'autres ambitions que de conserver le toit de chaûme où ils étaient nés ; tous leurs désirs se bornaient à y élever aussi leurs familles dans la crainte du terrible Jéhovah.

Qu'elle n'est pas la différence, de cet état d'un peuple agriculteur et par conséquent utile, à l'état de parasitisme où se trouve plongés actuellement les fragments du peuple Juif dissiminé principalement dans les pays islamiques ? Cette situation nous paraît devoir être éternelle, car, si nous regardons le passé, plusieurs siècles nous démontrent qu'aucune cause ne pourrait désormais changer ? l'aversion accentuée du Juif pour tous ceux qui n'obéissent pas à la loi de Moïse.

Son indifférence absolüe pour toutes les infortunes éprouvées par d'autres que ses corréligionnaires, sa répulsion pour toutes les tentatives de fusion des races par le mariage ; telles sont lès raisons qui prouvent jusqu'à l'évidence que la théorie de l'acheminement de la race juive vers les hauteurs de la civilisation et du progrès, n'est qu'un mirage qui a pu éblouir momentanément les yeux de quelques philantropes plus sensibles qu'éclairés.

La virilité et le patriotisme sont enfants de l'adversité ; la généreuse nation française n'a donc rien gagné à recevoir dans son sein ce groupe de parias, habitués depuis longtemps à la mollesse et à la nonchalence que donne l'habitude d'une vie oisive, à ce point si pleine d'attraits et de douceurs pour eux, qu'il leur serait véritablement cruel de recevoir la mort glorieuse du soldat, fût-elle entourée de lauriers.

Né malin, il sait fort bien que la résurrection dans le sang d'Israël est une promesse problématique que lui ont fait ses Prophètes, il préfère mille fois la jouissance des biens d'ici-bas ; de celle-là, du moins, il en use avec toute l'énergie dont il est capable.

La sueur du cultivateur n'émerge point de son front, il méconnait l'art de faire sortir de terre tout ce qui nourrit l'homme ;

Le marteau et l'enclume ne noircissent pas ses mains efféminées, le navire ne trace pas son sillage sous la pression de ses bras ;

A d'autres, les rudes labeurs de la semaine ; à d'autres, les rayons ardents du soleil brûlant ou frappant le crâne de l'ouvrier des champs ; à d'autres, l'œuvre du maçon ou du charpentier, risquant leur existence pour gagner le pain de leur famille tout en contribuant à la richesse sociale ;

Mais à lui, la soie et le velours, le brocart et les rubans ; de ses mains délicates il excelle à reproduire les effets chatoyants de ces riches étoffes, à palper les fines dentelles dont il n'apprécie que le poids, à dérouler les rubans qu'il n'estime que selon leur longueur ;

A lui, le trafic sur le produit du travailleur, la dime facile, sans souci, sans fatigue, sur le labeur des autres ;

A lui, nos défroques et nos hardes, le meuble de l'ouvrier souffrant, ou le modeste bijou de la veuve entourée d'enfants : autant de profits pour lui, tout lui est bon, tout se change en ses mains habiles en pièces de monnaie ou en billets de banque.

Par contraste, la mère de famille, la jeune femme, la jeune fille, l'enfant vont au travail, font mouvoir les machines des ateliers de confection, impriment le mouvement aux manufactures, imaginent, façonnent et produisent.

Courbez-vous sur vos outils pendant des heures, faibles jeunes filles ; agitez-vous, frêles enfants, pour apprendre le métier qui procure du pain ; travaillez à la hâte, jeunes mères, pendant que l'enfant dort ; et vous, le soutien, le père, l'époux, allez aux chantiers en fredonnant un gai couplet; pendant ce temps, le Juif usera sa semelle en quête du produit de vos peines, qu'il vous achètera au plus bas prix et qu'il emportera chez lui, comme l'oiseau carnassier emporte sa proie dans son aire.

Si le Juif n'aime pas le travail, en revanche, dans des logis somptueux, dans des villas superbes, il aime à s'environner en son intérieur de tout ce qui peut rendre son existence la plus douce possible ; comme une coquette, il affectionne tout ce qui flatte l'œil et attire le regard ; sur des meubles moelleux, il aime à s'étendre avec nonchalance, tout en promenant ses doigts sur les cordes d'une *kouitrah* ou chantonnant sur un rhytme nazillard et triste la sempiternelle chanson séculaire qu'il accomode à tous les actes de sa vie.

Soit qu'il naisse, qu'il se marie ou qu'il meure, l'écho répète toujours le même refrain que chantait son père, que chanteront ses fils ;

En véritable sybarite, il oublie les heures, lorsque, les jambes croisées sur son sofa, il raconte ses duperies de la journée, l'humble et futé commerçant se change alors ; il enfle la voix, fait le Rodomont, et joue au despote parmi les siens ; sa timide compagne respire à peine en sa présence tant son respect est grand, elle n'est pas initiée aux subtiles opérations qui transforme en opulence sa pauvreté d'hier, et son intelligence confinée et alourdie n'est frappée que par le ruissellement des pièces d'or, venant comme par magie s'amonceler dans les casiers du coffre-fort.

C'est le trône digne de lui et avec lequel il espère un jour gouverner le monde ; n'a-t-il pas devant lui l'exemple d'un des siens, qui, par la puissance de sa prodigieuse richesse, peut à son gré ou à son caprice faire osciller la balance du sort des Etats ?

Voyons le derrière son comptoir, sa cervelle vide de toute idée élevée se remplit des mille petits scandales qui se produisent journellement, les cancans de portière sont pour lui pleins d'agréments, les caquetages d'alcove charment son oreille et provoquent sa gaieté ; et, si parfois de son négoce il distrait ses regards fiévreux, il les porte languissamment sur *l'associée*, au préalable bien dotée, qu'il doit épouser un jour.

D'une nature oisive et indolente, il est essentiellement prolifique et ne reste jamais célibataire, par goût ou prédisposition, sa religion d'abord qui lui prescrit un second mariage (mais que la loi de l'Etat lui défend) après une première union infructueuse. (1)

---

(1) Depuis quelques années de richissimes papas Juifs, effrayés des brèches faites à leur bourse par leurs héritiers arrivés à l'âge ou la nature réclame ses droits, ont eu une idée tout à fait hébraïque d'éluder le danger ; cette idée consiste à procurer au jeune juif fougueux une épouse pour rire, prise parmi les filles pauvres ; mais en tout bien, tout honneur, c'est-à-dire qu'un mariage religieux et clandestin unit les deux époux provisoirement ; après un certain temps le jeune jouvenceau, devenu homme capable de diriger les biens paternels, trouve à point nommé une nouvelle épouse bien dotée, digne de sa fortune et avec laquelle il s'unit alors plus sérieusement, selon la loi civile ; de cette façon le contenu du coffre-fort n'est pas écorné, le Cachir est sauvé et tout le monde est content ;

Son intérêt ensuite lui commande la propagation de sa râce dans la plus grande proportion possible.

Autant de fils, autant de négociants futurs qui, par leurs aptitudes innées pour le commerce, grossiront à leur tour le patrimoine paternel, et étendront leurs ramifications dans toutes les couches de la Société, absorbant ainsi, comme le poulpe avec ses ventouses, le sang généreux, producteur et fécondant des prolétaires de tous les pays.

Entre temps, s'il chôme un moment au milieu de ses étoffes, et s'il est en veine de gaudriole, il tend ses pièges de soie et de velours et sait attendre sa proie, ce ne sont jamais les jeunes donzelles juives qui viennent s'y laisser prendre, ce sont les autres tourterelles à vertus plus ou moins faciles qui reçoivent de ses mains les belles plumes dont elles se parent.

Matériel et grossier, il affectionne surtout les formes opulentes de la Vénus orientale, ressemblant ainsi à l'Arabe, son plus mortel ennemi.

La pléthore féminine est chez lui à l'état d'institution, dès l'âge le plus tendre les filles sont soumises par leurs mères à diverses pratiques dont le but final est de les faire arriver à la rotondité du tonneau ; leur régime ordinaire composé de pâtes de toutes formes et de toutes sauces, dépasse certainement de justes limites et va jusqu'à l'empiffrement.

On sait que ce peuple répandu sur toute la terre, le même partout, le même depuis qu'il est déchu de sa passagère grandeur, toujours menacé et toujours subsistant, paraît ne savoir plus que subir le sarcasme et braver le mépris ; ménagé pour ses biens, plutôt que par la politique ou par l'humanité, toujours faible au milieu même des richesses, se rendant quelquefois nécessaire et rarement utile : tels

---

après quoi la jeune première retourne chez ses parents attendris qui la reçoivent à bras ouverts et les mains aussi pour recueillir les présents qu'elle apporte.

sont les traits sous lesquels on le reconnait dans tous les pays.

En France on lui fait un honneur qu'il ne reçoit presque nulle part ; c'est de le haïr ou de le craindre.

On le croit dangereux pour les mœurs, pour le commerce ; on souffre impatiemment ses superstitions, sa persévérance dans ses erreurs, dans ses usages ; on lui fait un reproche même de sa servile soumission, que nous nommons lâcheté.

On observe effectivement que, familiarisé avec le mépris, il fait de la bassesse sa voie de la fortune. Incapable de tout ce qui demande de l'énergie, on le trouve rarement dans le crime, on le surprend sans cesse dans la friponnerie. Séparé de l'agriculture et de l'industrie, l'or qui les représente fait sa passion unique. Il sacrifierait une réputation, une fortune entière pour s'assurer la plus chétive somme. Sans autre ressource que la ruse, il se fait une étude de l'art de tromper ; l'usure, ce monstre qui ouvre les mains de l'avarice, même pour l'assouvir davantage, qui, dans le silence, dans l'ombre, se déguise sous mille formes, calculant sans cesse les heures, les minutes d'un gain odieux, va partout épiant la faiblesse, le malheur pour leur porter ses perfides secours ; cette harpie parait l'avoir choisi pour son agent.

L'histoire, il est vrai, nous montre les Juifs toujours dans les mêmes occupations, dans le même caractère, dans le même état, depuis leur décadence.

Mais est-ce là le tort de l'homme ? est-ce seulement celui de sa situation? C'est ce que nous cherchons à approfondir. (LACRETELLE).

Le Dieu d'Abraham, dit BOSSUET, *a trouvé un moyen dont il n'y a dans le monde que ce seul exemple, de conserver les Juifs hors de leur pays et dans leur ruine, plus longtemps même que les peuples qui les ont vaincus.*

On ne voit plus aucun reste des anciens Assyriens, ni des

anciens Mèdes, ni des anciens Perses, ni des anciens Grecs, ni même des anciens Romains : la trace s'en est perdue et ils se sont confondus avec d'autres peuples ; les Juifs qui ont été la proie de ces anciennes nations si célèbres dans les histoires, leur ont survécu.

Voyez le maintenant parmi nous, sans chefs, sans patrie, membre d'une cité détruite, sectateur d'un culte suranné, trainer, errant, dispersé en tous lieux, sa déplorable existence, et couvrir de ses tristes débris l'un et l'autre hémisphère ? Partout il porte ses mœurs, ses usages et ses lois, que les mœurs, les usages, les lois opposés et contraires des nations au milieu desquels il vit, n'ont pu ni altérer, ni lui faire perdre.

A Londres, il n'est point Anglais ; il n'est point Hollandais à la Haye ou à Amsterdam ; à Rome, il n'est pas Romain ; à Paris, à Lyon, à Bordeaux, à Nancy, il n'est pas Français : et partout il est Juif, partout il n'est que Juif et suit les usages et les lois des Juifs.

Qu'a-t-il fait, le Juif algérien avant et depuis 1870, depuis cette époque où un homme de valeur, Juif de religion seulement, eut la généreuse pensée de les englober en masse dans la famille française ? Ce fut une mesure inopportune et surtout impolitique, étant donnée notre situation prépondérante vis-à-vis des Arabes, devant lesquels, en dépit de nos efforts pour les civiliser, nous devons nous montrer, en apparence, fiers, énergiques, et maintenir à la hauteur qu'il convient le prestige acquis aux premiers temps de la conquête. Il ne faut pas que l'Arabe, notre vassal, qui ne voit que l'apparence des choses, puisse se dire : Le Français était fort, jadis, puisqu'il nous a vaincus, mais le temps a marché, maintenant, il traite le Juif comme son frère, donc il est devenu son égal.

Le Juif indigène aurait-il aujourd'hui la prétention d'avoir suffisamment mérité cet honneur, depuis que ses fils vont tous les ans jouer au soldat dans de bonnes garnisons du Midi de la France? Ces intéressants jouvenceaux en reviennent-ils plus changés pour cela? Est-ce qu'après avoir ceint le sabre du troupier gaulois, il ne retourne pas plus empressé et plus âpre encore parmi sa mercerie et ses bibelots, pour réparer une année perdue?

Est-ce que lorsque la loi lui confie le droit de contribuer par son vote à nommer un membre du Gouvernement ou de la Commune, ne va-t-il pas au scrutin sur un signe du Grand Rabbin, faisant ainsi abnégation de lui-même, et prouvant par cette action sa nullité intellectuelle en matière politique, et son indignité d'appartenir à la grande nation qui a proclamé les nobles principes de 89?

Abstraction faite, il faut le constater, de quelques jeunes gens intelligents de la nouvelle école, qui tendent à secouer les préjugés séculaires qui pèsent sur leur race, en s'écartant autant qu'ils le peuvent de l'ornière tracée par leurs pères, par quelques efforts vers les idées modernes; aussi, sont-ils l'objet de la réprobation implacable de toute la Juiverie, qui ne pardonne pas aux infractions à la sainte loi de Moïse.

Le plus grand nombre, tarés, illétrés, ignorants de la chose publique, ne poussent-ils pas l'impertinence jusqu'à faire de la plus honorable des prérogatives une question de lucre et de basse spéculation? Ces mercenaires, à qui l'on fait tant d'honneur, ne vont-ils pas sans honte se présenter devant l'urne affublés d'un costume turc, sans oublier le turban, ce signe distinctif du mahométisme, c'est-à dire l'antipode du nom français?

A un moment donné, le Gouvernement pourra-t-il sérieusement compter sur l'élément Juif ayant passé sous les armes pendant une année, cet élément lui rendra-t-il par son concours actif et son dévouement les frais considérables qu'entraînent chaque année l'entretien et l'équipement de 1,200 jeunes gens qui font l'essai de se retremper dans la discipline militaire, mais qui, en réalité, utilisent leurs loisirs de garnison pour nouer des relations commerciales dans les villes où ils séjournent ?

Il faut bien en convenir et en prendre son parti, ce sont des sommes importantes infructueusement placées, ou plutôt jetées aux quatre vents.

Nous n'exagérons rien en renouvelant ici la version qui est et demeure une conviction profonde dans l'esprit de tous les Algériens, nous supposons le cas échéant qu'une épreuve, pacifique si l'on veut, fût faite, qui consisterait à mettre en présence sur le terrain cent Juifs des plus robustes, ayant fait leur année de service, tous armés de fusils Gras, et vingt Arabes, munis seulement de bâtons ; la victoire ne serait pas longtemps indécise, et à coup sûr ce ne seraient pas les Juifs qui en remporteraient la palme : personne ne saurait douter d'avoir en peu d'instants sous les yeux le spectacle d'une débandade des mieux caractérisée ; piètrerie, s'il en fût, non pas pour les Juifs qui, en fait d'amour-propre, en sont encore à l'ignorer, mais pénible pour les Français, témoins de cet époussetage d'uniformes militaires portés par de pitoyables marchands de fil.

Une mesure sagement politique, croyons nous, serait que le Gouvernement, sans détruire complètement ce qui a été fait, annule le décret de 1870 comme prématuré, et élabore d'autres dispositions pouvant permettre la naturalisation des Juifs indigènes, mais dans un sens *progressif*, et accessible en première ligne à tous ceux qui embrasseraient une carrière industrielle ou libérale, cette perspective n'étant pas, de beaucoup s'en faut, dans leurs goûts ni dans leurs mœurs, on pourrait les y contraindre d'une manière efficace, en restreignant le nombre de ceux qui veulent s'adonner au commerce, au prorata du chiffre de la population de chaque ville.

Ce ne serait pas libéral, dira-t-on, mais ce serait une mesure de salut public ; et celle-ci a bien sa valeur.

Sans développer ici des considérants de pour et de contre,

nous croyons qu'il suffirait que le Gouvernement prît l'initiative d'une invitation qui serait faite à tous les Consistoires de consacrer une partie de leurs revenus à fonder d'une manière sérieuse des écoles professionnelles d'arts et-métiers, spécialement affectées aux jeunes Israélites, et sans violences aucunes, sans bouleversements, un premier pas serait fait dans la voie de la légalité.

Cette mesure, de la plus haute importance, au point de vue de la rénovation de ce peuple abâtardi, laisserait le champ un peu plus libre aux nationaux Français qui exercent et vivent du commerce.

Car il est un fait incontestable, c'est cette sorte d'accaparement dont les Juifs se font une loi pour ainsi dire implacable ; maîtres absolus de certaines spéculations qui semblent leur appartenir à titre d'apanage ; d'autre part, par leurs combinaisons et leurs agissements machiavéliques, ils sont également maîtres dans les ventes publiques.

C'est là où, pénétrés de la foi dans le succès futur, ayant toujours la certitude de revendre avantageusement et à leurs loisirs, ils jonglent le plus adroitement avec leurs écus ; suivant ainsi l'exemple de leurs frères, devenus nababs, après avoir trafiqué de vieilles guenilles.

Aussi, c'est avec un soin jaloux qu'ils écartent du chemin commercial, par mille moyens qui leur sont propres, tous les profanes qui voudraient tenter d'y marcher, lesquels, conséquemment, se trouvent lésés d'une façon continuelle dans leurs intérêts les plus légitimes, leurs affaires arrivant inévitablement à tomber dans le marasme, par suite de machinations contre lesquelles ils ne sauraient, ni ne pourraient lutter.

On croit généralement que les Juifs vendent à bon marché, c'est une grande erreur, ils vendent au contraire très cher, par cette raison bien simple que la moitié, sinon les trois quarts des marchandises, généralement de peu de valeur, qui composent le fond de leurs magasins, a été achetée vil prix dans des ventes après faillite, voire même avant les faillites. Etant continuellement à la piste des affaires bonnes ou mauvaises, ils savent intervenir à propos chez un commerçant aux abois et lui tendre une perche enguirlandée de billets de banque ; fructueuse opération qui décuple leur mise de fonds, mais ne sauve pas leur victime.

Outre cette situation fâcheuse, et comme complication étudiée et voulue par les capitalistes Juifs, un grand nombre d'immeubles se trouvant entre leurs mains, leurs prétentions relatives à la location des locaux dont ils disposent, ne font que croître dans des proportions qui dépassent de beaucoup les limites d'une honnête répartition, élevant ainsi une barrière infranchissable à toute concurrence loyale dans les affaires.

Ayant dans leur enjeu, comme principale force, cette cohésion parfaite qui fait défaut aux autres nations, il est facile de prévoir à quels abîmes ils nous conduiraient, et cela dans un avenir prochain, si, étant donné la progression de leur prospérité depuis cinquante ans ils arrivaient, ce qui n'est pas douteux, à posséder la presque totalité des immeubles d'une ville quelconque.

A Alger, notamment, le Juif né, par hasard sans fortune, suit toujours, dès son jeune âge, le même chemin tracé par ses aînés. De trois à six ans, il apprend rapidement à lire et à écrire, surtout à calculer ; de six à douze ans, il est marchand ambulant de petite mercerie, allumettes, journaux, etc. ; de douze à seize ans, il est commis chez un petit mercier établi ; de seize à vingt ans, il s'associe avec un cousin quelconque du même âge pour monter un étal de mercerie sur la place publique ; de vingt à vingt-cinq ans, il opère seul, il a un magasin de modeste apparence, bourré de marchandises, dont il doit la plus grande partie et qu'il cherche à vendre le plus rapidement possible avant la faillite; la faillite !... c'est le mot magique qui hante sans cesse son cerveau et trouble son repos : réaliser le plus possible, ne payer que peu de chose... ou rien... voilà sa science.

De vingt-cinq à trente-cinq ans, il est marchand de bric-à-brac sur la place de Chartres. C'est là où il porte un tort considérable à tous les commerçants de la ville, en vendant autant de vieilles marchandises que de neuves, qu'il achète comme il est dit plus haut ; pour lui, c'est le Pactole, il vend sur le pied de 75 à 100/100 de bénéfices, c'est dans cette période qu'il se fait en moyenne de 2,000 à 6,000 francs de gain par année ; à quarante ans, aidé par les siens et par la dot de son épouse, il achète sa première maison.

Espère t-on qu'il sera jamais rassasié d'or et qu'il saurait, au moment voulu, mettre un frein à son appétit ; ce serait peu le connaître que l'en croire capable.

Le Juif est insatiable, et son avarice croît en proportion de sa richesse ; il est certains d'entre eux qui, plusieurs fois millionnaires, vivent misérablement, plutôt que d'ébrécher, ne fusse que par bribes, la rondeur de leurs lingots d'or.

Nous, Français, qui sommes essentiellement producteurs, ne sommes-nous pas fondés à nous plaindre d'une situation dont nous subissons les effets sans avoir rien fait pour la provoquer, et ne sommes-nous pas autorisés à élever la voix pour protester contre le favoritisme qui semble établir deux poids et deux mesures, faire deux parts dans les attributions, faire courber les uns sur leurs travaux et admettre bénévolement que les autres les regardent faire, vouloir que la richesse devienne la récompense de l'inaction et que la gêne continuelle soit le lot du travailleur, du producteur ?

Cela est l'opposé des sages lois que la nature a su établir pour maintenir un équilibre nécessaire dans les rapports sociaux de l'humanité.

Faut-il aussi ne tenir aucun compte, surtout ici, en

Algérie, de cette disproportion considérable qui existe entre la masse des consommateurs et celle des producteurs ? Comme non-producteurs, nous comptons d'abord la plus grande partie de la population arabe, puis la population anglo-maltaise toute entière, auxquels viennent s'ajouter tous les Israélites indigènes. Toute crise économique, comme celle qui sévit en ce moment à Alger, n'a pas d'autre origine.

Avant le pays, avant la nationalité, le Juif met le *Talmud* ; rigoureux observateur de sa religion, admettrait-il cependant des exceptions... et relèguerait-il dans l'oubli les préceptes qui le gênent ? Eh pourquoi, les talents professionnels n'auraient-ils pas d'attraits pour lui ; pourquoi ses mains ne produiraient-elles rien ?...

Ne doit-il pas s'en prendre qu'à lui-même, à son caractère, à ses penchants, s'il est encore le parasite détesté de la famille humaine ?

Pourtant sa religion lui prescrit le travail en termes formels par la voix de ses docteurs les plus autorisés et lui en font même un devoir. Nous en appelons à ces lois elles-mêmes, sur lesquelles nous nous appuyons, et que nous croyons utile de rappeler ici.

Voici dans toute sa teneur la décision du grand *Sanhédrin* tenu à Paris en 1807, sous la rubrique : — Art. 7. — PROFESSIONS UTILES.

Le grand Sanhédrin, voulant éclairer les Israélites et en particulier ceux de la France et du royaume d'Italie, sur la nécessité où ils sont, et les avantages qui résulteront pour eux, de s'adonner à l'agriculture, de posséder des propriétés foncières, d'exercer les arts et métiers, de cultiver les sciences qui permettent d'embrasser des professions libérales ; et considérant que si, depuis longtemps, les Israélites des deux Etats se sont vus dans la nécessité de renoncer en partie aux travaux mécaniques et principalement à la culture des terres, qui avait été dans l'ancien temps, leur occupation favorite ; il ne faut attribuer ce funeste abandon qu'aux vicissitudes de leur état, à l'incertitude où ils avaient été, soit à l'égard de leur sureté personnelle, soit à l'égard de leurs propriétés. ainsi qu'aux obstacles de tout genre que les règlements et les lois des nations opposaient au libre développement de leur industrie et de leur activité.

Que cet abandon n'est aucunemcnt le résultat des principes de leur religion, ni des interprétations qu'en ont pu donner leurs docteurs, tant anciens que modernes, mais bien un effet malheureux des habitudes que la privation du libre exercice de leurs facultés industrielles leur avait fait contracter.

Qu'il résulte, au contraire, de la lettre et de l'esprit de la législation mosaïque, que les travaux corporels étaient en honneur parmi les enfants d'Israël, et qu'il n'est aucun art mécanique qui leur soit nominativement interdit, puisque la sainte écriture les invite et leur commande de s'y livrer.

Que cette vérité est démontrée par l'ensemble des lois de Moïse et de plusieurs textes particuliers, tels entre autres que ceux-ci :

PSAUME 127. — *Lorsque tu jouiras du labeur de tes mains, tu seras bienheureux, et tu auras l'abondance* :

Prov. Chap. 28 et 29 : Celui qui laboure ses terres aura l'abondance ; mais celui qui vit dans l'oisiveté est dans la disette.

Ibid. Chap. 24 et 27 : Laboure diligemment ton champ ; et tu pourras après édifier ta maison. Misma, Traité d'Abbot, chap. 1. Aime le travail et fuis la paresse.

Qu'il suit évidemment de ces textes, non seulement qu'il n'est point de métier honnête interdit aux Israélites ; mais que la religion attache du mérite à leur exercice et qu'il est agréable aux yeux du Très-Haut que chacun s'y livre, et en fasse autant qu'il dépend de lui, l'objet de ses occupations.

Que cette doctrine est confirmée par le Talmud qui, regardant l'oisiveté comme la source des vices, déclare positivement que le Père qui n'enseigne pas une profession à son enfant l'élève pour la vie des brigands (V. Kiduschim chap. 1).

En conséquence, le grand Sanhédrin, en vertu des pouvoirs dont il est revêtu,

Ordonne à tous les Israëlites, et en particulier à ceux de la France et du royaume d'Italie, qui jouissetn maintenant des droits civils et politiques, de rechercher et d'adopter les moyens les plus propres à inspirer à la jeunesse l'amour du travail et à la diriger vers l'amour des arts et métiers, ainsi que les professions libérales, attendu que ce louable exercice est conforme à notre sainte loi, favorable aux bonnes mœurs, essentiellement utile à la patrie, qui ne saurait voir dans des hommes désœuvrés et sans état, que de dangereux citoyens.

Invite, en outre, le grand Sanhédrin, les Israélites des deux Etats de France et d'Italie, d'acquérir des propriétés foncières, comme un moyen de s'attacher davantage à leur patrie, de renoncer à des occupations qui rendent les hommes odieux ou méprisables aux yeux de leurs concitoyens, et de faire tout ce qui dépendra d'eux pour acquérir leur estime et leur bienveillance.

Cette citation n'ayant d'autre but que de démontrer quel est le cas que le Juif a fait jusqu'à présent de ces sages décisions, nous croyons inutile de rappeler d'autres textes touchant le même objet.

Mais arrivera-t-il à démêler et choisir dans sa religion ce qui est logique et en rapport avec la marche du progrès, pour rejeter loin de lui ces pratiques idiotes, ces mœurs et ces coutumes d'un autre âge ; modifiera-t-il cette religion absurde où le *cachir* est absolu sous toutes les formes et de toutes les manières ? (2). Laissera-t-il la poussière s'amonceler sur les dalles de sa Synagogue, cette sorte de bourse où le dieu Intérêt resplendit ? Secouera-t-il le joug et brisera-t-il les liens qui l'enchaînent au réseau dont le Consistoire tient tous les fils entre ses mains ?

La chenille se transforme en papillon ; que n'imite-t-il cette métamorphose ? Qu'il vive donc de la vie commune en s'adonnant au travail, à l'agriculture, qu'il produise par l'industrie en manipulant les métaux et les matériaux qu'il crée et invente ? Et lorsque, familiarisé avec le fracas des ateliers et le grondement des usines, il viendra avec des mains noircies et calleuses demander qu'on le juge digne d'être Français, alors seulement on lui ouvrira des bras fraternels et on lui fera place au sein de la famille.

Qu'ils lèvent, (dit Lacretelle avec tant d'éloquence), qu'ils lèvent ces têtes que tant de siècles de honte avaient penchées vers la terre ; qu'ils se dépouilient de cet extérieur de la bassesse et de l'hypocrisie ; qu'ils ne nous approchent plus sans nous montrer des êtres faits pour la confiance, faits pour l'estime....

Que cette basse âpreté du gain ; cette lâche insensibilité, cette défiance cruelle, cette noire habitude de la fourberie et de l'usure, sortent de leur cœur ; ou bien qu'ils redeviennent à jamais ce peuple dégradé, partout proscrit et partout malheureux ; que les Etats leur refusent un asile, et les hommes leur pitié.

---

(2) Un exemple entre tous, que nous puisons dans le *Petit-Colon* du 22 janvier 1882, ayant trait à l'intolérance des Juifs en matière de Cachir.

« A la dernière fête des poules, qui, comme vous le savez sans doute, est après la Pâque juive, un israélite tua ses poules lui-même, s'y croyant autorisé, parce qu'il possède un « couteau sacré ». Comme le rabbin de Saïda touche un droit de cinq centimes par poule qu'il tue, cela ne fit pas son affaire, car en véritable rabbin juif, il en référa au consistoire qui délégua un de ses membres, le sieur David Baroukel, pour éclaircir cette affaire qui, selon leur religion, est un *crime* !

Etant de concert, le rabbin et le délégué ont condamné ce malheureux israélite à la *mort morale*, et depuis cette décision, cet homme, père de sept enfants, est mis à l'index par tous ses coréligionnaires et est menacé de mourir de faim pour avoir tué lui même ses poules.

Voilà cet homme ex-communié ; il ne sera réintégré dans la famille d'Israël que quand il aura fait amende honorable.

Il a écrit d'abord au Procureur de la République qui, avec raison, lui a répondu qu'il ne se mêlait pas d'affaires religieuses. Il s'est ensuite adressé à M. Kanoui lui-même, qui bien entendu, n'a pas répondu probablement pour ne pas perdre son prestige, en tolérant qu'un israélite tue lui-même les poules qu'il veut manger.

On sait qu'à l'abattoir public est attaché un rabbin, dont les fonctions consistent à visiter minutieusement les animaux destinés à la boucherie ; toute bête estropiée ou portant la moindre trace de maladie est écartée avec soin, ainsi que les femelles ayant porté.

Le dernier des mécréants juifs ne salirait pas sa bouche au contact d'une viande non consacrée par le rabbin, c'est-à-dire devenue Cachir ; il ne se servirait même pas d'un couteau ou de tout autre objet de cuisine ayant appartenu à un roumi. La chair de porc et le vin sont également rejetés par lui avec horreur.

FIN

Alger, Mai 1883.

Alger. — Imp. V. PÉZÉ et Cie, rue de la Casbah, 4.

www.ingramcontent.com/pod-product-compliance
Ingram Content Group UK Ltd.
Pitfield, Milton Keynes, MK11 3LW, UK
UKHW021938200726
13855UKWH00007B/1572

9 782013 18379